APPEL AU BON SENS POLITIQUE

DES FRANÇAIS

APPEL

AU

BON SENS POLITIQUE

DES FRANÇAIS

PAR

LE VIEIL ERMITE DES PYRÉNÉES.

Oui, je crois à l'avenir de la France, mais à la condition que nous aurons du bon sens, du courage, que nous ne nous paierons plus de mots, que nous aurons non seulement du bon sens, mais le courage du bon sens.

(THIERS, séance du 1er mars.)

PERPIGNAN,

IMPRIMERIE DE CH. LATROBE,

1, RUE DES TROIS-ROIS, 1.

1871

APPEL
AU BON SENS POLITIQUE
DES FRANÇAIS

Si les Français parvenaient à se persuader un jour, que le hasard ne met plus sous le boisseau des génies en réserve pour les sauver des périls, réels ou imaginaires, qu'ils peuvent courir, ils finiraient peut-être par vouloir s'administrer eux-mêmes, en s'habituant lentement à la gestion des affaires publiques. Mais pour atteindre ce degré de perfection, qui est cependant à la portée de toute intelligence vulgaire, il leur faudra malheureusement encore de bien nombreux efforts et de bien rudes leçons.

Il serait difficile toutefois de trouver aujourd'hui dans l'histoire des peuples une nation qui ait expié plus cruellement que la France les défauts de son organisation politique et sociale!...

Cela suffira-t-il pour amener enfin une transformation radicale et complète dans ses mœurs?... Telle est la question que devraient se poser tous les cœurs sincèrement patriotiques; mais ils reconnaîtront bientôt les difficultés d'une solution, chez un peuple qui se jette périodiquement pieds et poings liés dans les bras d'un aventurier quelconque, et qui se laisse affoler tour à tour par le merveilleux, la terreur ou le vertige. Un pareil peuple ne peut guère offrir des éléments durables de stabilité, puisqu'il se laisse honteusement conduire pendant son état de crise, pour reprendre ses rênes quand elle a disparu; c'est donc toujours à recommencer !

Malheureusement, dans ces convulsions périodiques, quelle que soit la robuste constitution du malade, l'on peut prédire à coup sûr qu'il succombera fatalement, si l'on ne parvient à détruire le mal.

Que faut-il donc à la France pour qu'elle puisse se débarrasser de cette maladie organique qui doit infailliblement l'emporter tôt ou tard?...

Une chose fort simple, grands dieux!...

Du bon sens! encore du bon sens! et toujours du bon sens!...

Une petite dose lui montrera de suite que la manne et les Jeanne d'Arc ne sont plus de saison ; que le merveilleux n'existe plus que dans sa folle imagination ; que chacun peut s'atteler au char de l'État sans être postillon ; que le proverbe : *Aide-toi, le ciel t'aidera*, est tout aussi vrai pour les peuples que pour les individus, qui, quoiqu'il advienne, seront toujours condamnés à conquérir péniblement leur pain à la sueur du front, malgré tous les braillards politiques prétendant que le triomphe de leurs idées est l'unique remède à tous les maux.

Une dose plus forte démontrerait à la France que les journalistes et les orateurs des clubs, des estaminets ou des chambres ne font pas les affaires publiques, mais tout simplement les leurs, par un système d'exploitation qui ne diffère de celui de Mangin, pour vendre ses crayons, que parce que celui-ci donnait au moins quelque chose pour de l'argent, tandis que ceux-là l'enlèvent de la poche en ne donnant que des paroles en échange.

Il est de fait qu'en se passionnant ridiculement pour les théories malsaines du club, le verbiage des estaminets ou les phrases creuses des journaux, l'on gaspille son temps au détriment des intérêts de la patrie. On crie, on discute sans rime ni raison, et quand on a beaucoup discuté pour ne rien dire, l'exaltation fait que chacun se croit un grand homme méconnu, tôt ou tard destiné à prendre une part quelconque au gouvernement de la France.

Cette exagération de la personnalité s'infiltre ainsi régulièrement dans le cerveau de tous les déclassés, et l'infiltration s'opère avec une persistance tellement opiniâtre qu'elle finit par convaincre les esprits qu'ils ne sont plus à leur place, et qu'ils sont par conséquent de taille à faire mieux que ceux qui les occupent.

Il ne faut pas se le dissimuler : la plus dangereuse plaie de l'époque consiste dans cette monomanie inhérente au caractère français, de vouloir à tout prix, et n'importe comment, jouer un rôle au-dessus de ses égaux.

A Paris comme en province, cette infirmité règne à l'état épidémique, et rien jusqu'à présent ne peut en atténuer l'étendue. A la ville, comme au village, comme au champ, partout on peut la constater, et le plus souvent avec une telle intensité, qu'elle do-

mine tous les caractères, en corrompant les mœurs
et détruisant toute notion de justice et de raison...
Elle part d'abord des classes les plus éclairées,
qui, les premières, fomentent le désordre moral
dans les esprits, en concentrant, au profit de leur
ambition, leurs ressources intellectuelles, la fécon-
dité de leur imagination; et puis elle descend
graduellement dans les autres couches de la société, par une filière dont on peut très bien suivre
les traces.

En examinant les ambitieux qui rêvent le pouvoir, l'on constate que leur élévation est toujours
due aux mêmes intrigues, qui consistent généralement à signaler aux masses les améliorations à
introduire pour le bien-être social; leur nombre
grossit bientôt de tous les comparses alléchés par
l'espoir d'une substitution de fonctionnaires, et
voilà de suite une légion à la remorque de quelques empiriques promettant la panacée universelle;
les badauds qui croient tout sur parole accourent
en assez grand nombre pour commencer et ter-
miner la pièce; mais les principaux acteurs, n'étant
presque jamais plus habiles que les anciens, rem-
plissent tout aussi mal leur rôle, et oublient le
lendemain les promesses de la veille.

C'est ainsi que les illustrations politiques passent leur existence à se saper réciproquement par des discours habiles, et dès qu'ils sont au pouvoir tout leur souci consiste à discourir plus habilement encore, pour justifier une conduite qui se borne à enrichir des créatures par les emplois ou les faveurs dont ils disposent, de manière à créer autour d'eux une nouvelle cohorte qui puisse les maintenir long-temps sur pied.

Voyez-les tour à tour !... Les intérêts de la France qui souffre les préoccupent médiocrement ; là n'est pas leur affaire...

Vous rappelez-vous ce parvenu d'un jour qui ne sut même pas mourir de honte après avoir accepté publiquement un pot de vin de 100 mille francs !...

Vous souvenez-vous de ces joutes oratoires, où deux hommes éminents se disputaient le pouvoir tour à tour, sans but, sans autre idée que le pouvoir lui-même ; car la nation n'a jamais pu rien gagner en les élevant sur le pavois à tour de rôle !... Si, l'un d'eux a signé le premier la décadence morale de la France par l'indemnité Pritchard, et l'autre, son abaissement matériel, par son opposition systématique au développement des chemins de fer.

Et cependant, ces hommes soulevaient les applaudissements frénétiques de la nation, juste au moment où elle était la risée de ses voisines!...

Voici venir de nouveaux champions, fraîchement éclos du suffrage universel, qui doit tout régénérer; c'est la nouvelle conquête du peuple qui va tout pacifier, tout consolider. Arrière donc à tous les tripoteurs qui s'engraissent aux dépens de la foule! Un horizon couleur de rose s'épanouit enfin aux yeux de la France ivre de joie; les ateliers nationaux surgissent; le droit au travail arbore un drapeau ayant pour devise : *égalité du salaire;* fraternité sainte qui met la parabole de la vigne en action, et doit être immortelle comme le Christ dont elle émane. C'est un rêve!..... Mais les parvenus du moment ont promis de le réaliser... Attendons!...

Hélas! trois fois hélas!.... L'attente n'est pas de longue durée; les nouveaux apôtres du pouvoir, encore plus incapables que les autres, ne s'entendent même pas pour régler le concert, dans lequel chacun fait sa partie, choisit son instrument, et joue quand bon lui semble. C'est encore plus discordant que d'habitude, disent les hommes de bonne foi!..... Mais qu'on cherche alors un chef d'orchestre ailleurs, puisque les comparses pris dans la foule ne connaissent pas le métier, commencent à crier les habiles qui n'avaient aucun rôle dans la pièce!... Et voilà le peuple tout entier en quête d'un directeur d'harmonie capable de diriger le concert social!...

Les postulants fourmillent, depuis que la Providence, dans sa sagesse impénétrable, a retiré ses faveurs des mains privilégiées qui jouissaient exclusivement autrefois du droit d'assurer le bonheur des peuples. On n'a donc aujourd'hui que l'embarras du choix, et c'est à nous la faute si nous ne savons pas choisir; mais c'est encore plus celle de ceux qui contribuent puissamment à la direction des affaires publiques, car ils devaient comprendre que leur mission, dans la société, n'est qu'un poste avancé pour servir de guide dans la voie de l'amélioration morale de l'humanité. Vous êtes donc les premiers coupables, vous tous qui courez à la fortune en foulant sous vos pieds les intérêts de la patrie, et d'autant plus coupables que vous êtes cause de la dépravation qui nous ronge!...

Si les contemporains n'ont même plus le courage d'une juste appréciation, vous serez jugés sans pitié par les générations futures, parce que cette fois ci, pour occuper le pouvoir et vous gorger d'honneurs et de richesses, vous n'avez reculé devant aucune ignominie.

Vous avez violé vos serments, vos promesses, la justice et la raison!...

Vous avez étouffé les consciences, l'honneur et la vertu!...

Sur les ruines morales dont vous avez eu l'impudence de vous faire un rempart, vous avez osé vous proclamer les bienfaiteurs d'une société en péril!...

Vous avez élevé la délation à la hauteur d'une vertu, et conduit la magistrature à des arrêts iniques!

Vous avez tué, fusillé et déporté sans jugement!

Vous avez épuisé les trésors de l'État en faussant la caisse, et joué à la Bourse en bizeautant les cartes!

Vous avez tout mis aux enchères, justice, places, honneurs, concessions et faveurs! Vous avez toujours menti à la Chambre, au pays; et vous êtes descendus si bas, que vous avez dû souvent rougir devant les courtisanes qui dévoraient follement avec vous le fruit de vos dilapidations éhontées!...

Pour tant d'ignominie, il n'y a qu'une excuse: c'est l'ignominie même dont la France a fait preuve en vous supportant si longtemps!...

Oui, sans doute, les peuples n'ont jamais que le gouvernement qu'ils méritent; et si je signale toutes les turpitudes commises, c'est moins pour vous accuser, que pour constater l'humiliation de tous ceux qui ont toléré un long règne de scandale et de force, hypocritement entouré par la pudeur et le droit.

Il faut en convenir : dans ces saturnales sans fin que nous avons eu la lâcheté de supporter ou d'applaudir, nous avons tous notre part de responsabilité que chacun cherche à décliner aujourd'hui. C'est là notre défaut capital : la personnalité qui surgit dans toutes les circonstances, et qui nous conduit sans cesse à rejeter les uns sur les autres les fautes dont nous sommes tous coupables. En définitive, après les Ministres, les Sénateurs et les Préfets, n'avions-nous pas les Députés, les Conseillers généraux et les municipalités ?...... Mais la nation démoralisée tournait fiévreusement tout entière autour du banquet, pour tâcher d'avoir une part quelconque aux agapes jetées en pâture.

C'est ainsi que les administrateurs attiraient autour d'eux les journalistes par l'appât des annonces judiciaires, et quand elles ne suffisaient pas aux appétits gloutons de nos écrivains mercenaires, ils soulevaient discrètement à leur avidité, le voile qui couvrait la profondeur inépuisable des fonds secrets.

C'est ainsi que les bourgeois parvenus s'inclinaient humblement devant les Préfets à poigne, qui leur assuraient par le suffrage universel la réhabilitation ou l'oubli d'un agiotage véreux.

C'est ainsi que les bourgeois qui voulaient parvenir se constituaient les proxénètes du pouvoir pour acquérir, par un dévouement servile, un titre à la faveur, et que les fonctionnaires de tout ordre, menacés dans leur avenir, perdaient leur dignité pour conserver leur place.

Tont cela formait un océan de boue dans lequel tout le monde grouillait; le plus petit nombre vivait au fond pour se cacher, et le plus grand nageait à la surface pour être plus à proximité de l'orgie.

La France n'était plus qu'un vaste marché où les vendeurs se coudoyaient pour offrir leur marchandise qui tombait à vil prix; c'est presque pour rien que la mère vendait sa fille; l'employé, son supérieur; le valet, son maître; le maître, son influence; le paysan, son vote; la justice, ses arrêts; l'armée, sa dignité.

Baissons le rideau!...

Telle a été la situation de la France, et telle nous la verrions encore si les principaux acteurs ne s'étaient follement engagés dans une déclaration de guerre contre la Prusse!...

Il était facile de prévoir qu'une nation depuis longtemps habituée à la corruption et à la honte ne témoignerait pas assez de virilité pour repousser l'envahissement d'un ennemi bien discipliné; aussi la guerre a été de courte durée, et offrira dans l'histoire l'exemple unique de deux armées de cent cinquante mille hommes chacune, se livrant à la discrétion d'un vainqueur étonné d'un succès si rapide.....

Quelle rude leçon !... Quelle cruelle expiation pour un pays qui voit son honneur perdu, les femmes violées, les enfants tués, les propriétés dévastées, l'incendie et la ruine partout !... C'est à mourir de honte, de rage et de douleur !..... Eh bien ! non, personne ne meurt !... chacun court au contraire pour tâcher de mieux vivre.

Un instant l'on a pu croire que le passé joint au présent produirait quelque effet sur l'avenir, et que tout le monde finirait par comprendre la nécessité d'une transformation radicale dans les mœurs ; mais bientôt tout espoir s'évanouit, car l'on entend de plus belle le grelot retentissant de la personnalité, que tous les casse-cou agitent avec une fureur croissante, et l'on constate avec douleur que rien absolument ne peut modifier *les défauts qui caractérisent la nation.*

Le nouveau pouvoir est à peine installé, qu'on veut déjà le renverser ; des ambitieux ne craignent pas de fomenter la division en face de l'ennemi, pour recueillir un héritage de sang et de douleur sur les dernières convulsions de la patrie ; peu leur importent les souffrances et les intérêts de tous, pourvu que leur ambition soit assouvie, et cette plaie qui nous ronge s'étend, s'étend si loin qu'elle a malheureusement tout envahi.

A la ville, comme au village, on se rue sur les fonctions publiques; on braille, on crie, on se dispute le pouvoir, sans songer à l'ennemi; chacun veut une part à la curée, mais personne ne prend un fusil pour chasser l'étranger.

Quel spectacle!.... Dix combattants pour une préfecture, une mairie ou une justice de paix, et pas un seul en face des Prussiens?

L'autorité s'installe au cabaret, où elle trône entre deux canons de bleu, à valoir sur les souscriptions patriotiques ou les fournitures prochaines; les purs des purs accourent tout naturellement pour choquer le verre, et toute la bande en corps chante à l'unisson:

Mourir pour la patrie!
Est le sort le plus beau, le plus digne d'envie!

C'est magnifique d'entrain, d'enthousiasme et de débraillement!... Encore une tournée, et les Prussiens seront tous noyés dans le Rhin!...

Les plus enragés partent!..... Mais ils s'arrêtent au chef-lieu, où les intérêts de la patrie les condamnent malgré eux à un emploi, dont le degré d'importance est basé sur le degré d'exaltation ; les autres suivent pour faire queue dans les comités, les bureaux ou les infirmeries, et de toute cette armée de braves qui réclamait bruyamment des armes, il ne reste plus que des zéros en ligne de bataille, et quelques maires dans les villages, qui manifestent leur patriotisme par des vexations sans nombre, que la plate attitude des préfets ne fait qu'encourager, *ad majorem gloriam libertatis.*

C'est ainsi que l'on constate des injustices de toute nature à l'égard des citoyens qui n'aiment pas à faire partie du cortége, des insultes à domicile et la boxe dans la rue ; chose plus navrante encore, des baïonnettes tournant le dos aux Prussiens, et la pointe sur des Français inoffensifs qui veulent prendre part au scrutin. Il serait trop long d'énumérer les arrestations arbitraires, n'ayant d'excuse que la haine ou la rivalité de clocher, et trop douloureux de signaler les dénonciateurs, dont l'infamie ne peut se justifier que par les exigences d'un estomac paresseux, vide et affamé.

Tout cela est déjà fort triste sans doute, mais ce qu'il y a de plus odieux et de plus bouffon en même temps, c'est que la tyrannie voudrait même s'implanter au village par des arrêtés monstrueux, qui conduiraient droit au dépouillement et à la.... machine, si l'on ne montrait pas assez d'énergie pour témoigner que le jacobinisme n'est plus aujourd'hui qu'une vieille rengaine à l'usage des bonnes d'enfant.

Que faire alors, si les bouleversements successifs que les divers partis politiques imposent à la France ne font qu'aggraver le mal en développant les mauvais instincts de la population?... Une chose toute simple : les honnêtes gens, d'abord, ne devraient plus faire partie d'un parti quelconque, en cherchant tous ensemble à mettre une double soupape de sûreté à la locomotive, et à tracer une nouvelle voie capable de conjurer le danger en cas de nouveau déraillement.

Cette double innovation n'est pas aussi difficile à réaliser qu'on pourrait le supposer au premier aspect. Le bon sens et quelque peu de bonne volonté suffiront pour éloigner d'ores et déjà tous les vieux inventeurs patentés par la crédulité publique. Poussons donc au bon sens en rompant brusquement avec les traditions du passé, en repoussant énergiquement la vieille routine, en prouvant hardiment que les améliorations sociales peuvent et doivent être résolues sans l'intervention d'un drapeau politique quelconque. Appelons tous les cœurs, sans distinction de catégorie, et quel que soit leur degré de moralité, tous s'empresseront de répondre, parce que chacun voudra faire croire au moins à son honnêteté politique.... Nous constituerons ainsi sans grands efforts un premier groupe, qui s'augmentera sans cesse, car il aura pour signe de ralliement une bannière sans couleur, sur laquelle on inscrira :

Inauguration de l'honnêteté politique en France.

Il ne restera plus alors qu'à formuler brièvement les aspirations de tous les partis, pour les forcer malgré eux à donner leur concours à la véritable régénération de la France...

CONCLUSION.

Les adhérents à la ligue de l'honnêteté politique reconnaissent que les grandes catastrophes peuvent quelquefois refouler les sentiments égoistes, réveiller, développer, et exalter la moindre parcelle de générosité qui se trouve dans l'âme humaine.

Ils reconnaissent encore leur part de responsabilité dans tous les actes d'un gouvernement acclamé par le suffrage universel, sans que cette responsabilité puisse s'étendre au-delà des principes éternels de justice et de liberté qui peuvent seuls assurer l'indépendance et la dignité des peuples.

Les adhérents reconnaissent, par dessus tout, que les Français ont malheureusement contracté l'habitude de se grouper sans cesse sous des drapeaux politiques pour mieux abriter leur ambition et assurer le triomphe de leur personnalité, et que le pays subit périodiquement des révolutions n'entraînant avec elles qu'une substitution de fonctionnaires ;

Mais attendu que tous les partis politiques, sous quelque dénomination qu'on les classe : légitimistes, orléanistes, bonapartistes, libéraux, républicains modérés ou rouges, socialistes ou internationaux, n'ont jamais eu que le même but, qui a été suffisamment établi par l'arrivée au pouvoir de ces diverses catégories ;

Attendu encore qu'aucune d'elles n'a jamais tenu les promesses de la veille, et que toutes n'en persistent pas moins encore à vouloir assurer isolément le salut de la patrie ;

Attendu que tous les partis offrent dans leur programme les mêmes améliorations à réaliser, et que par conséquent leurs principes, quoique différents quant à la forme, convergent vers la même idée qnant au fond ;

Qu'il est alors tout naturel de grouper autour d'un faisceau commun les forces éparses qui prétendent concourir à la solution du problème social,

Décrètent :

Tous les partis se dirigeant par un profond sentiment d'humanité vers l'amour de la patrie, sont
appelés à seconder la ligue de l'honnêteté politique,
qui veut marcher résolument dans la voie du progrès sans arborer de bannière ; et attendu que par
cet effort commun, il peut être donné satisfaction
à toute idée philantropique sans pénétrer le moins
du monde dans le domaine politique, tous les
adhérents s'obligent à reconnaître comme indigne
tout citoyen qui persisterait encore dans l'agitation
d'un drapeau quelconque.

Programme de l'Honnêteté politique.

Les membres de l'honnêteté politique sont con-
vaincus que les peuples qui veulent sérieusement
s'avancer vers la civilisation n'ont que deux voies
à parcourir simultanément : la perfectibilité morale
et l'accroissement progressif du bien-être matériel ;
ils déclarent en outre que la famille, la commune,
le canton, le département et l'État sont les étapes
naturellement indiquées pour parcourir la route
sans difficulté ni désordre.

La famille, pivot principal de la société, doit avoir forcément comme garantie le plus profond respect pour le foyer, la liberté et la dignité de ses membres.

La commune, qui n'est que l'association des familles, doit évidemment bénéficier des mêmes priviléges, et conserver par conséquent la faculté de son administration intérieure, sous la responsabilité de ceux qui sont appelés à la diriger. A cet effet, le suffrage universel doit élire son conseil de famille, qui choisira lui-même son tuteur, sans que rien absolument puisse mettre obstacle à une organisation si naturelle.

Au-dessus de la commune, et comme garantie d'un fonctionnement régulier, les électeurs du groupe cantonal choisiront un conseil supérieur, chargé de veiller à ce que les droits de la famille et de la commune soient rigoureusement observés dans toute leur étendue. Ce conseil devra s'occuper encore de la solution de tous les conflits administratifs dans le ressort du canton, et surtout des difficultés provenant d'un zèle trop empressé de la part des municipalités ou des maires, dont l'esprit de coterie ou de clocher porte souvent atteinte à des minorités dont il faut assurer le respect.

Les attributions de ce conseil remplaceront absolument le pouvoir des préfets sur les communes, et la compétence des conseillers de préfecture en matière litigieuse ; ils statueront sur les dégrèvements d'impôts, la comptabilité communale, les répartitions, etc., etc., et sur les mille complicacations administratives qu'il serait trop long de signaler.

Ce conseil cantonal formera la base de l'édifice et pour ainsi dire l'unique pivot de tout le système. En effet, d'une part, les passions électorales, généralement très vives au village, créent des antagonismes locaux, le plus souvent envenimés par l'intervention préfectorale, et toujours nuisibles à l'intérêt commun ; il est donc prudent d'y mettre un frein, et le meilleur de tous n'est-il pas le suffrage universel lui-même se prononçant sur ses propres écarts par une simple extension de la commune au canton, où les rivalités le placent déjà à un point de vue bien plus élevé !...

De l'autre, l'administration n'ayant plus à intervenir dans les affaires particulières ou communales, qui ne lui procurent généralement que des embarras sans motif utile, ou des coteries hostiles, devrait forcément utiliser son temps dans la simplification de cette bureaucratie sans nom qui est le plus grand obstacle à tous les progrès, et finirait peut-être alors par comprendre le véritable rôle qu'elle doit jouer dans une société pratiquement organisée.

Les préfets ne seraient plus ainsi des proconsuls

ou des comparses intéressés au triomphe d'un parti, mais de simples administrateurs chargés de la concentration des divers services, et remplissant le devoir d'une sentinelle qui signale les dangers ou les infractions commises, sans être à la fois juge et partie. Leur influence délétère sur l'esprit politique des populations serait remplacée par les tribunaux électifs du canton, et l'on verrait aussitôt disparaître ces formations politiques de la province, qui n'ont jamais d'autre but qu'une complaisance servile auprès du pouvoir, afin de puiser à pleines mains les faveurs individuelles, au détriment de la collectivité.

On ne saurait trop insister sur l'importance extrême de ce syndicat cantonal, qui transformerait immédiatement les mœurs en modifiant nos vieilles coutumes. Son origine prenant sa source dans le suffrage des électeurs de tout un canton, peut être considérée comme une bien sérieuse garantie ; mais il est facile de la compléter encore, en donnant à cette assemblée primaire la faculté de choisir elle-même dans son sein, par la voie de l'élection, au deuxième degré par conséquent, un nouveau conseil supérieur départemental, qui serait chargé de se prononcer en dernier ressort sur les décisions prises par le conseil cantonal. Ce conseil supérieur, épuré par une double élection, renfer-

merait ainsi l'élite de tout un département, et joue-
rait vis à vis des préfets le même rôle que
les députés à l'égard des ministres. L'on aurait
alors dans toutes les solutions politiques ou administratives un contre-poids créé par le suffrage
universel lui-même, et par un seul vote forcément
consciencieux, parce que les paysans, quelle que
soit leur ignorance, sauraient très bien apprécier
les personnalités dans un groupe aussi restreint
que le canton.

Au-dessus du département, dont les intérêts
seront protégés comme ceux de la famille, de la
commune et du canton, par un conseil épuré par
une double élection, viendrait enfin l'État, pour
tout concentrer au profit de l'unité politique, par
une assemblée suprême, directement nommée par
le groupe départemental.

En résumé le suffrage universel direct nommerait
les conseillers municipaux, les cantonaux et les
députés; le suffrage à deux degrés, les maires et
les conseillers généraux, qui sont déjà l'expression
d'un premier vote. L'on aurait ainsi un double
mécanisme dans le témoignage des volontés popu-
laires, offrant un double contrôle dans toutes les
affaires publiques, et une double garantie à tous
les citoyens qui concourent malgré eux à modérer
leur entraînement comme leur esprit de domination.

Supposons maintenant que cette nouvelle combinaison soit appelée à fonctionner tout d'une pièce pendant une durée de trois ans, avec obligation de renouvellement par tiers, et que pendant les premiers dimanches de janvier, par exemple, la souveraineté populaire jouisse du droit irrévocable de se réunir dans ses comices pour reconstituer cette première organisation fondamentale.

Il résultera forcément de cet ensemble :

1º Que quoi qu'il arrive, et malgré les secousses qui pourraient se produire sur un point quelconque, les assemblées électorales auraient le droit inaliénable de se réunir à l'époque déterminée ;

2º Que la nation aura toujours un pays légal représenté par les deux tiers de ses élus, à tous les degrés ;

3º Que les partis politiques seront dans l'impossibilité de compter même sur une surprise du suffrage universel, puisqu'ils ne pourront appeler à la fois qu'un tiers de leurs adeptes au pouvoir, ce qui diminuera singulièrement cette *furia* française électorale qui se manifeste sur divers points avec une violence qui fait quelquefois trembler pour l'avenir.

Donc toute folle entreprise ne pourrait dorénavant avoir de chances de succès que tout autant qu'elle témoignerait assez de sagesse pour se dénouer pacifiquement dans un délai de trois ans...

Si l'on ajoute maintenant à ce système fort simple quelques réformes qui sont presque indiquées par le bon sens public, on aura tout de suite complété le bagage indispensable pour se mettre en route et parvenir à bon port sans nouvelles avaries.

En première ligne, il faudrait admettre, une fois pour toutes, que les fonctionnaires de tout ordre seront dorénavant considérés comme les gardiens des intérêts de la patrie, et non comme les instruments d'un pouvoir quelconque,. Ils ne devraient être révoqués qu'à la suite d'un jugement, mais en leur imposant en échange la responsabilité de tous leurs actes au même titre que les simples citoyens. Leur recrutement, comme leur avancement, devrait partout s'opérer par la voix unique du concours.

La justice, inamovible aujourd'hui, doit l'être beaucoup plus encore dans le nouveau système; mais pour échapper aux influences locales dont la magistrature assise nous a donné tant d'exemples, pour qu'on n'ose même plus lui contester à l'avenir son inamovibilité, et pour donner enfin un surcroît de garantie aux justiciables dans la discussion de leurs intérêts respectifs, les tribunaux seront remplacés par une commission de cinq membres désignés au sort par la cour, et venant tour-à-tour, dans chaque chef-lieu, statuer tous les mois sur les affaires inscrites au rôle. L'on aurait ainsi la justice ambulante, dégagée de toute préoccupation de personne ou de clocher, et digne par conséquent d'inspirer le respect que sa situation lui impose.

Le jury, qui est une de nos grandes institutions et qui sera certainement appelé à connaître les affaires de presse et les délits politiques, devrait être consciencieusement choisi parmi les citoyens les plus éclairés. Pourquoi ne donnerait-on pas alors aux assemblées cantonales, qui formeront la base de notre société, le droit de le choisir dans leur sein par la voie du sort?...

L'instruction, en France, laisse malheureusement beaucoup à désirer. Cette lacune doit être comblée et comblée d'autant plus vite, qu'en admettant le suffrage universel comme base de nos mœurs politiques, nous devons admettre aussi l'instruction gratuite, pour donner au peuple le moyen de manier l'arme dangereuse que l'on a mise entre ses mains.

L'armée, au service d'un homme, ne sera jamais un élément d'ordre, de sécurité et de respect du droit, mais bien une cohorte de prétoriens au profit d'un ambitieux habile; elle doit donc être la nation tout entière. Les derniers événements ont d'ailleurs prouvé qu'elle doit subir dans sa constitution, et dans le choix de ses chefs surtout, les conditions de capacité les plus rigoureuses que l'on devra constater par la voie du concours, en détruisant sans pitié l'avancement au choix et à l'ancienneté.

Les bureaux de tabac n'étant pour le pouvoir qu'une source intarissable de faveurs, leur exploitation sera mise aux enchères dans toutes les communes, et l'on se créera ainsi de nouvelles ressources tout en étouffant le parasitisme.

La récolte de l'impôt s'opérant exclusivement par les mains de percepteurs, le rouage des receveurs généraux et particuliers est complétement inutile ; on pourrait très bien le remplacer par la banque, qui, aux termes de ses engagements avec l'État, est tenue d'avoir une succursale dans chaque chef-lieu.

L'arrondissement n'ayant plus le moindre rôle politique dans la nouvelle combinaison, et la sous-préfecture n'étant déjà, dans le moment actuel, que des bureaux d'expédition de pièces administratives, pourquoi les conserverait-on encore ?

La liberté de la presse sera illimitée ; mais, pour faire pénétrer la moralité publique dans la nouvelle voie, tous les articles seront signés du véritable nom de l'auteur sans faculté du pseudonyme.

La preuve des faits articulés sera dorénavant admise devant le jury, et lorsqu'elle ne leur sera pas suffisamment démontrée, la prison et de très fortes amendes seront rigoureusement appliquées à tous les délinquants.

Une excessive rigueur dans la pénalité, tout en tolérant la liberté même jusqu'à la licence, fera bientôt disparaître ce journalisme interlope qui fausse et passionne l'esprit public par le mensonge et la calomnie.

La liberté des cultes sera pleine et entière; l'Église très libre dans l'État libre. Rien absolument de commun entre la politique et la religion. L'édifice religieux tout entier à la direction du ministre, du prêtre ou du rabbin; le cimetière à l'autorité municipale.

Le suffrage universel devrait être moralisé, même en attendant les bienfaits de l'instruction future. Les garanties à exiger des électeurs doivent-elles être les mêmes pour la commune, le canton et l'assemblée? Ne serait-il pas opportun d'exiger la rédaction du bulletin dans la salle du scrutin?

La réforme de l'impôt est aujourd'hui une question vitale; il ne saurait y avoir, en effet, aucun sentiment de justice à imposer à la foncière une contribution moyenne de 10 p. % sur ses produits annuels, alors que les valeurs mobilières ou les revenus de toute autre nature ne subissent pas le même sacrifice. Le revenu, quelle que soit son origine, est tout aussi intéressé que la foncière à

la défense du droit commun ; il doit donc partici-
per aux charges comme aux bénéfices, et il est
temps de faire disparaître cette anomalie qui choque
le bon sens et la raison.

Il est inutile de signaler les réformes partielles
qu'il serait bon d'introduire dans les diverses
branches du service public, parce que, dans un
programme si court, il suffit que l'ensemble des
idées témoigne, au point de vue général, d'un
esprit pratique dans la voie du progrès, pour que
les gens les plus rebelles puissent le suivre sans
être arrêtés par la crainte d'une secousse violente,
ou d'une transaction trop brusque.

Ce n'est donc qu'un simple appel à tous les
hommes sensés que s'est proposé l'auteur de
l'*Honnêteté politique*.

Puisse cet appel être entendu par des hommes
assez puissants pour introduire sans retard les
réformes qu'il signale, afin de pouvoir constater
par l'expérience que l'introduction pacifique du
véritable progrès désarmerait forcément les partis
politiques, en les mettant dans l'impossibilité de
formuler de nouvelles aspirations...

GATUMEAU.